Género Ficción realista

I0794266

Pregunta esencial

¿Cómo se nos ocurren las ideas?

¡Qué problema!

Sabrina Herreros
ilustrado por John Palacios

Capítulo 1

El periódico escolar

¡Qué revuelo! Los niños de tercer grado estaban muy ocupados armando el periódico escolar. Era la primera vez que realizaban esa tarea. Investigaron, preguntaron a los maestros, hablaron con sus padres y leyeron mucho para interiorizarse bien en el tema.

Después de revisar varios periódicos, decidieron que el de ellos tendría muchas noticias, un calendario de actividades escolares, deportivas y culturales, historietas y crucigramas.

La señorita Lucrecia aconsejó a sus alumnos que se repartieran las tareas para que nadie estuviera sobrecargado de trabajo. La profesora de música ofreció su colaboración. Aportó datos de algunos músicos famosos y obras musicales de interés general. <u>Otra de las maestras de la escuela propuso que los alumnos de quinto escribieran unos poemas</u>. Esa sección se llamaría *Grandes obras de pequeños poetas.*

Todos estuvieron de acuerdo en que habría un responsable para cada tarea. Lucas y Juan se encargarían de la parte deportiva. Carolina y Luis de los crucigramas.

Detective del lenguaje

La oración subrayada, ¿presenta un artículo indefinido? ¿Cuál es?

Diana sería la crítica de espectáculos. En los recreos siempre hablaba entusiasmada, extendiendo los brazos, de las películas que veía. Sus padres la llevaban todos los fines de semana a ver alguna película diferente. Le gustaba mucho ir al cine. Para ella el cine era como un pastel de fresas.

Todo estaba muy bien organizado. Cada alumno tenía su tarea asignada. Todavía no había salido el primer número del periódico y ya tenían asignado un marchante para su distribución. Era un alumno de sexto grado, el más alto y más flaco del grupo. Era muy simpático. Lo eligieron porque era muy gracioso cómo sacudía un cascabel y gritaba:

—¡Diarios! ¡Diarios!

Lo mejor fue pensar un nombre para el periódico escolar. Había que imaginar algo atractivo. Organizaron una votación entre todos los integrantes de la escuela. Participaron los alumnos, los maestros y los directores. También participaron los padres que habían acompañado a sus hijos y brindado mucha información. Todos habían aportado muy buenas ideas.

Capítulo 2
Un accidente inesperado

Los alumnos de tercer grado estaban en clase cuando entró la directora a comunicarle algo a la señorita Lucrecia. La señora Matilde, la directora, contó que Diana había tenido un accidente en la clase de educación física. Se había lastimado el pie y debía hacer reposo.

—¡Pobre Diana! —dijo la señorita Lucrecia—. Tendrá que cuidarse mucho.

Había que pensar en quién la reemplazaría en la sección de críticas. Nadie se animaba. Diana era la indicada para esa tarea, había planeado ir al cine con sus padres para ver cinco películas. Luego, con la ayuda de ellos, iba a hacer la crítica para la publicación del primer número del periódico.

¡Qué problema! Nadie había previsto este inconveniente.

Entonces, a la señorita Lucrecia se le ocurrió la idea de hablar con Valentín. Él era el mejor amigo de Diana. Compartían la misma pasión: el amor por el cine.

Detective del lenguaje

En la oración subrayada en esta página, ¿qué nombres propios encuentras? ¿Cómo los reconoces?

Valentín disfrutaba con las películas, se reía, se emocionaba, lloraba. Se divertía mucho y a veces se aburría, pero no le gustaba hacer la crítica. Ese era un problema para Valentín y para los estudiantes de tercer grado. ¡No tenían a nadie para reemplazar a Diana!

Valentín y sus padres fueron a la casa de Diana a visitarla. Querían saber cómo estaba y si necesitaba algo. Pero Valentín se llevó una sorpresa.

Diana estaba sentada en el sillón, apoyando la pierna enyesada sobre la mesa de la sala. Tenía algunos muñecos a su alrededor. Se la veía tranquila. Valentín se sentó junto a ella y conversaron muy animados.

La madre de Diana trajo un exquisito jugo de naranja junto con unas galletas que ella misma había cocinado.

Antes de que Valentín y sus padres se marcharan, Diana dijo:

—Valentín, tengo que pedirte un favor. Eres el único que puede ayudarme.

Diana era una niña muy responsable y quería cumplir con su tarea en el periódico.

Entonces, tuvo una idea luminosa como el sol. Le pidió a su amigo que fuera al cine con sus papás y que le contara lo que habían visto. Valentín no tenía que preocuparse por hacer la crítica. Diana iba a escribirla después.

¡Era una gran idea!

Valentín lo pensó mucho y, finalmente, aceptó.

Capítulo 3

Compartir la tarea

De regreso a su casa, Valentín buscó con sus padres en la computadora una película para ver en el cine.

Sería divertido ir al cine en familia y luego contarle la película a Diana.

Finalmente, fueron a ver una película de dibujos animados. ¡Valentín se divirtió mucho! Al salir del cine, fueron a pasear y cenaron en un restaurante.

Al día siguiente, Valentín se detuvo en el corredor de la escuela. Allí había una vitrina que exhibía los periódicos escolares de años anteriores. Era costumbre de la escuela exhibir los periódicos el primer día de clase de cada año.

Valentín se detuvo frente a la vitrina a mirar los ejemplares. Eran diferentes, cambiaban los formatos y los títulos. Entonces imaginó que al año siguiente estaría expuesto el periódico de ellos.

Publicar este periódico era un verdadero desafío para todos, pero para Valentín el desafío era mucho mayor. Valentín era muy tímido y nunca había presentado ningún trabajo en público. Ahora tenía la oportunidad, gracias a su amiga Diana con quien compartiría la tarea.

Valentín habló con los otros niños que trabajaban en el periódico. Le dijeron que todas las secciones del diario estaban casi terminadas. Las noticias más urgentes, los crucigramas y hasta los poemas de los estudiantes de quinto grado. Solo faltaba la crítica de cine.

Entonces se apuró y fue a la casa de Diana. Tenían mucho trabajo por hacer. Había que escribir la primera crítica. El periódico saldría el lunes siguiente y faltaban pocos días.

¡Debían darse prisa!

Capítulo 4
Críticos famosos

Mientras tomaban un chocolate caliente, Valentín y sus padres le contaron la película a Diana. La niña escuchaba con atención. Escribía, tachaba, leía en voz alta, volvía a escribir.

Escribieron toda la tarde. Contaron parte del argumento. Hablaron sobre la música, el lenguaje, las imágenes. ¡Listo! ¡Tarea cumplida!

El lunes siguiente, el periódico estuvo terminado. El primer ejemplar había sido un éxito total. Los diarios se agotaron el mismo lunes. Ahora todos querían ir al cine. Cada semana esperaban la sección de críticas. Diana y Valentín se habían hecho famosos en la escuela. Y el problema se había resuelto.

Para festejar, se hizo una gran fiesta en la escuela. Los maestros, y en especial la señorita Lucrecia, fueron los primeros en llegar. No faltaba nadie.

Lucas, Juan, Carolina y Luis acomodaron las mesas y los bancos para sentarse. Por suerte Diana ya se había curado el pie y pudo venir.

Los padres trajeron comida y bebida. La señora Matilde trajo una torta riquísima. Todos celebraron con gran alegría.

Respuesta a la lectura

Resumir

Usa detalles de *¡Qué problema!* para resumir el cuento. El organizador gráfico te servirá de ayuda.

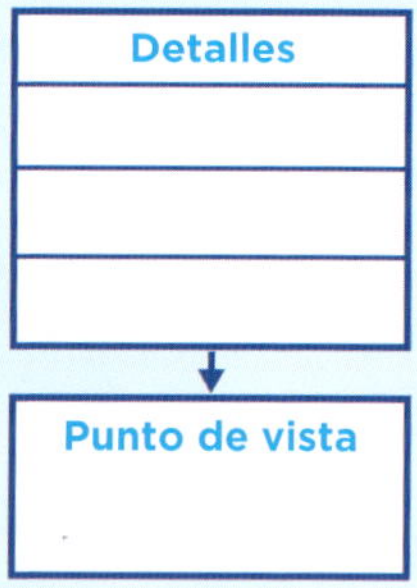

Evidencia en el texto

1. El cuento *¡Qué problema!* es una ficción realista. En este tipo de ficción, la historia es inventada por el autor pero los personajes parecen personas reales. ¿Crees que los personajes de este cuento son reales? ¿Por qué? **GÉNERO**

2. ¿Cómo sabes que el cuento está narrado desde el punto de vista de Valentín? Busca dos ejemplos. **PUNTO DE VISTA**

3. ¿Por qué en la página 5 se dice que para Diana el cine era como un pastel de fresas? ¿Hay otro símil en la página 10? **SÍMILES**

4. Imagina que eres Valentín. Escribe desde su punto de vista el momento en que Diana le cuenta su idea. **ESCRIBIR SOBRE LA LECTURA**

Género Poesía

Compara los textos

Lee sobre un ratoncito que vivió una aventura.

¿Cómo huyó el ratoncito?

Esteban Ruiz

—Dinos, papá, cuando eras niño,
¿qué había detrás del sillón?
¿Por qué corrías sin pausa
de un rincón a otro rincón?

—Es que huir no era fácil:
me acechaba un gato veloz,
la puerta estaba muy lejos,
era pequeño el salón.

¿Cómo huyó el ratoncito,
cómo se salvó aquella vez?
¿Acaso encontró refugio
debajo de una nuez?

Sus hijos son muy curiosos

y les gusta conocer

historias que dan mucha risa

y aventuras del ayer.

Papá ratón les dice:

—Hijitos, escuchen bien,

¡ahora voy a contarles

cómo fue que me escapé!

Haz conexiones

¿Qué idea se le puede haber ocurrido al ratoncito? **PREGUNTA ESENCIAL**

¿En qué se parecen los niños del cuento y el ratoncito del poema? **EL TEXTO Y OTROS TEXTOS**

Enfoque:

Elementos literarios

Rima Muchos poemas usan rima y aliteración. La rima es la repetición de los mismos sonidos al final de dos o más versos de un poema. Un ejemplo de rima es *sillón* y *rincón*, en la página 17. La aliteración es la repetición de una o más consonantes en palabras cercanas. Un ejemplo de aliteración es *¿Por qué corrías sin pausa de un rincón a otro rincón?*

Lee y descubre Lee el poema *¿Cómo huyó el ratoncito?* en voz alta. Busca los versos que riman y descubre cómo ayudan las aliteraciones a visualizar lo que le pasa al ratoncito.

Tu turno

Piensa en un problema. Escribe un poema sobre una idea para resolverlo. Intenta que el poema tenga rima y aliteraciones.